100 laberintos (volumen 2)

Luis Gómez

100 laberintos (volumen 2)

Luis Gómez

Impresión y editorial: BoD – Books on Demand
info@bod.com.es - www.bod.com.es
Impreso en Alemania – Printed in Germany

ISBN: 978-8-4112-3040-7

100 LABERINTOS (VOLUMEN 2)

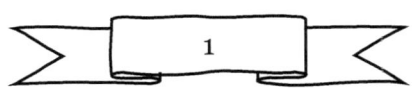

1

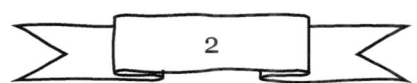

2

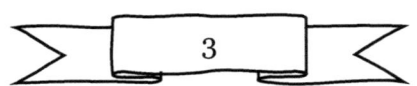

3

4

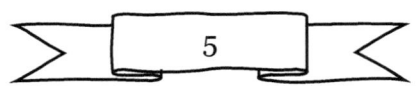

5

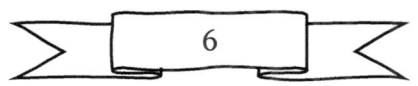

6

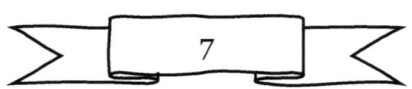
7

8

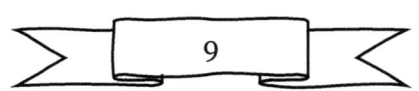

9

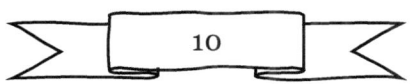

10

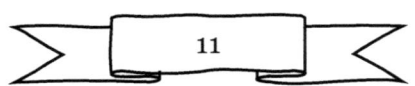

11

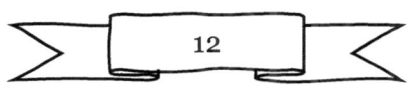

12

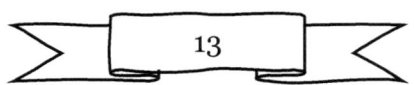

13

14

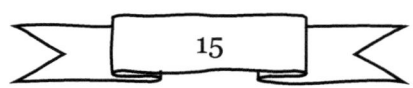

15

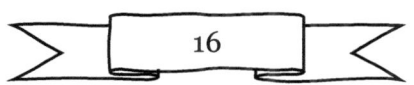

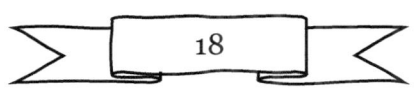

18

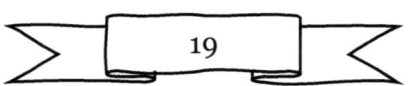

19

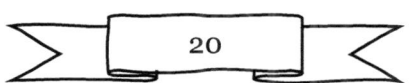

20

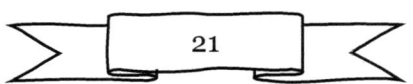

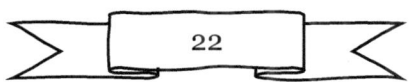

22

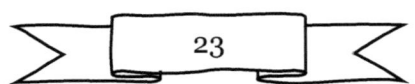

23

24

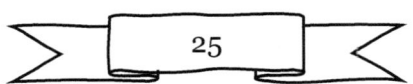

25

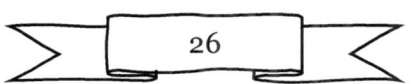

26

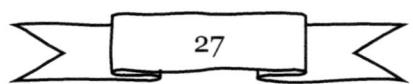

27

28

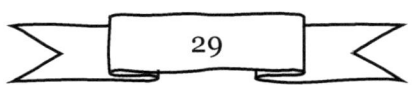

29

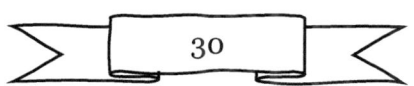

30

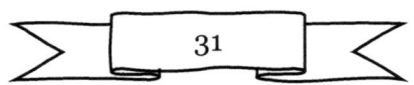

31

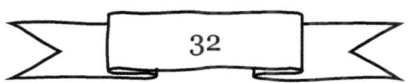
32

33

34

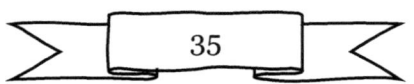

35

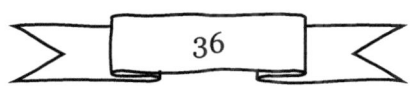

36

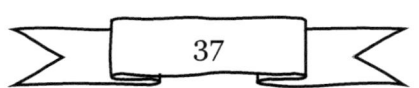

37

38

39

40

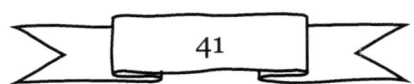

41

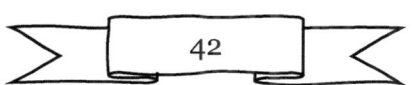

42

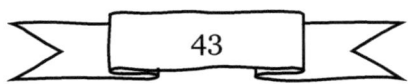
43

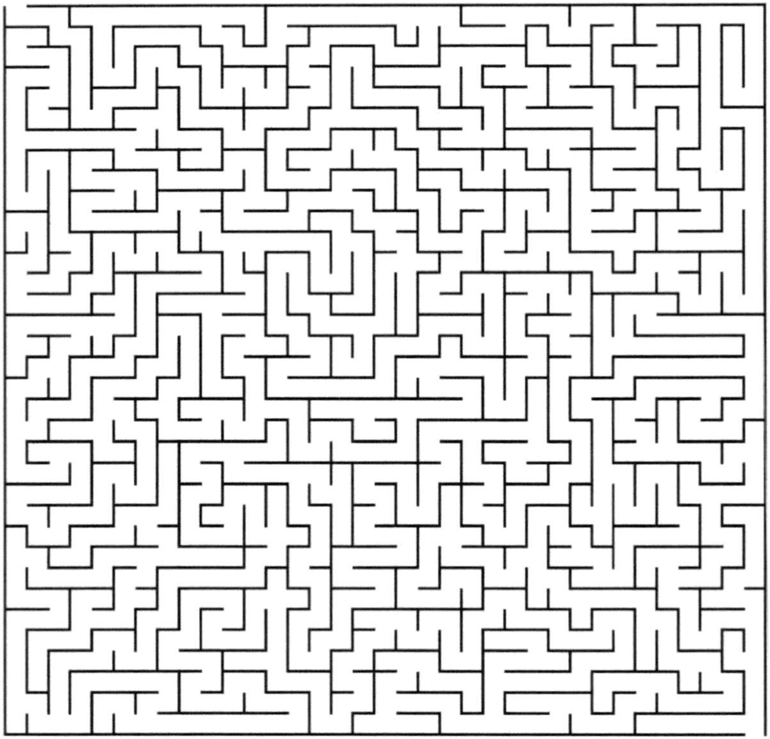

44

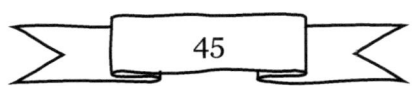

45

46

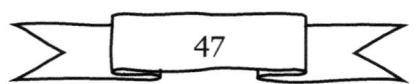

47

48

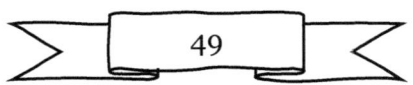

49

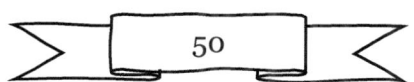
50

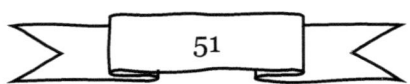

51

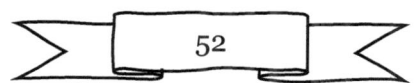

52

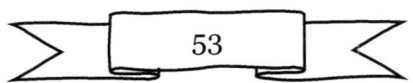

53

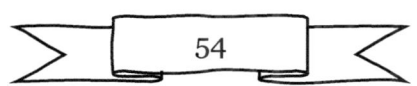

54

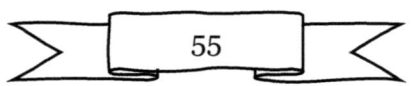

55

56

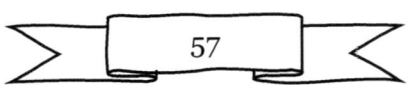

57

58

59

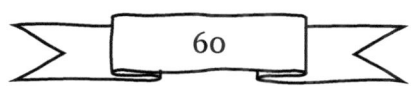

60

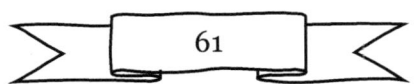

61

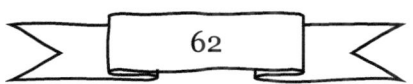

62

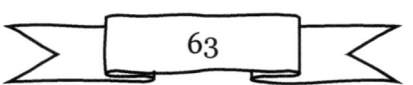

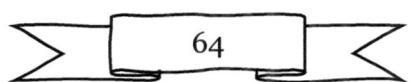

64

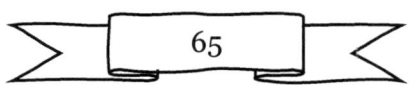

65

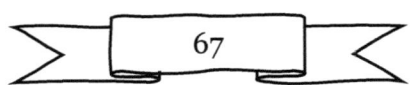

67

68

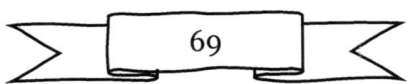

69

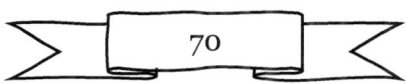

70

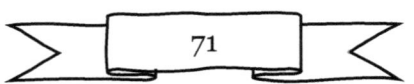

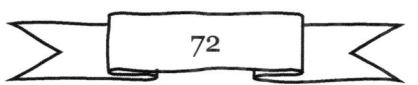

72

73

74

75

76

77

79

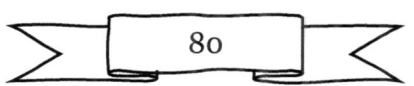

80

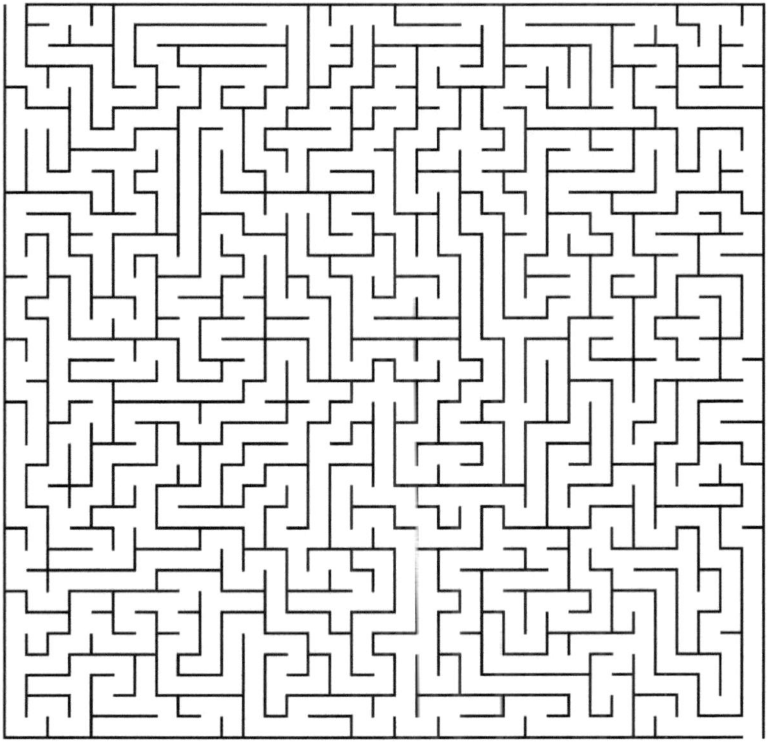

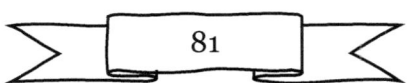

81

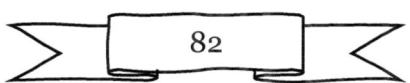

82

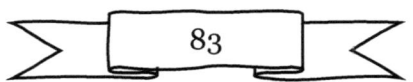

84

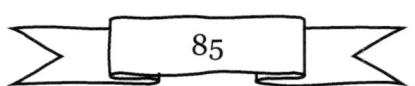

85

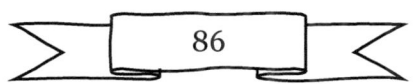

86

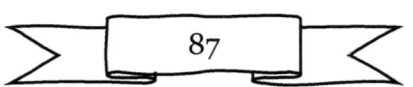

88

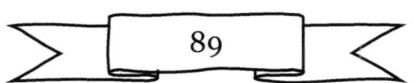

89

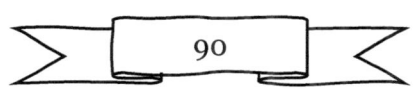

90

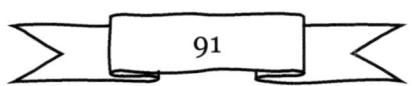

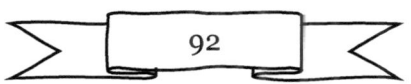

92

93

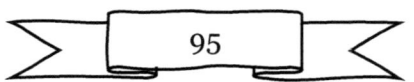
95

96

97

98

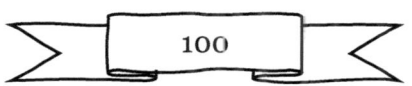

100